にっこり！
キュートな
おべんとう
Colorful Lunchbox

料理創作ユニット
Goma

おべんとうの楽しみといえば、食べること。
でもこれからは、自分で作ることも楽しんじゃおう。
作ったりょうりをおべんとう箱につめれば、
どこへだっていけそうな気がする
なにをどういれるかは、あなたしだい。
わくわくしながら作ったおべんとうは
きっと、かくべつな味だよ。

おりょうりの前に

さあ作ろう！っていったって
まずなにからじゅんびするの？って思うよね。
そんな人はまず、このページから読んでみて！
☆じゅんびする時はおとなの人に相談して
てつだってもらいましょう。

まずは身じたく

りょうりの前に
しっかりと手をあらうこと。
服そうはエプロンを
つけるのがオススメ。
おりょうり中に粉やソースが
とびちっても安心！

本を よく読もう

作る前に
ページ全体を
写真を見ながら
よく読んでおこう。
自分が作りたい
もののイメージを
ふくらませよう。

こころを おちつけて...

フー…

火を使う時のおやくそく

火をつけたら
けっして目をはなさないこと。
使いおわったらかならず
火を止めたことをかくにんしてから
りょうりをつづけましょう。

ほうちょうを使う時のおやくそく

りょうりにかかせないほうちょうは、
きけんな刃ものです。
ふざけたり、ほかの人に
ほうちょうを向けたりしないこと。
使わない時は、落ちにくい場所に
おいておこう。

きをつけて〜

おべんとうのこころえ

1 さましてつめよう

食べ物は一度しっかりねつをとおし、その後かならず、よくさましてからつめること。あつあつのままふたをすると、バイキンがふえたりして、食べ物がいたむことがあるよ。

2 ちょっとこく味つけしよう

おべんとうのおかずは、さめてもおいしく感じるように、少しだけこい味つけにしよう。しおのはたらきで食べ物がいたみにくくなるよ。

3 取りばしを使おう

つめる時は手を使わずに、きれいな取りばしを使ってね。ちょっとしたことだけど、これも食べ物がいたまないコツ。

4 汁気のあるものはさけよう

汁気があるおかずはなるべくやめ、どうしてもいれたい時は、水気を切ってからつめよう。汁があると食べ物がいたむだけでなく、ほかのおかずに味がうつってしまうので注意！

もくじ Contents

おりょうりの前に 2
おべんとうのこころえ 3

ごはんのおべんとう 6

おにぎり 7
きほんのおにぎり 7  
形いろいろおにぎり 8
たわら型／しずく型／でか型 8  

のりのつけ方いろいろ 9
気になるあの子にあげたい♡タイプ別おにぎり 10

まきずし 12

きほんのまきずし 12
酢めしの作り方 13

いなりずし 14

皮の作り方 14
サイコロきんぴらいなり 15 

2色いなり 16 
動物いなり 17

パンのおべんとう 18

きほんのサンドイッチ 19
サンドイッチの切り方バリエーション 20

うずまきサンド 21
ロールパンサンド 22

ベーグルサンド 23
クロワッサンサンド 23
デートシチュエーション別 サンドイッチ 24

楽しいおべんとう作り 26

おべんとう豆ちしき 27

たまごのおかず 28

たまごやき 28
味つきたまご 29
カップたまご 29

肉のおかず 30
やさい肉まき 30
てりやきチキン 31

やさいのおかず 32

ポテトサラダ 32
いんげんのごまあえ 33
ブロッコリーとアスパラのピカタ 33
キュートなピックマジック 34
かわいいかざり切り 36

ごはんのおとも 38
3色そぼろ 38
手作りふりかけ 39
ごはんのつめ方バリエーション 40
おべんとう容器いろいろ 42

小さなデザート 44
フルーツマリネ 44
グレープフルーツかん 45

インデックス 46

本書レシピを使用するにあたって

● 各ページに表記した調理時間は、調理をはじめるところからできあがりまでの、おおよその目安です。
● 計量スプーンは、大さじ1＝15ml、小さじ1＝5mlのものを使用しています。すりきりではかってください。
● ゴムべらは耐熱用のものを使用しています。
● レンジは家庭用レンジ（500W）を使用しています。メーカーによってかかる時間や温度がことなる場合がありますので、ようすを見ながら調理してください。
● たまごは指定のないものは、Mサイズを使用しています。
● バターは指定のないものは、有塩バターを使用しています。

ごはんの おべんとう

おべんとうのかくれた主役はごはん！
おにぎり、まきずし、いなりずしまで
楽しいアレンジがもりだくさん。

おにぎり

心をこめて手でにぎった
おにぎりが、一番おいしいよ。

きほんのおにぎり（1コ分）

三角ににぎるのは少しむずかしいけど
ちょうせんしてみよう。

調理時間 5分

材料
- ごはん 茶わん1ぱい分（100gくらい）
- しお 適量
- うめぼし 1コ（このみの具でOK）

道具
- 茶わん
- 手水をいれるボウル

1

水をいれた小さなボウルを用意する。茶わんにごはんをいれ、まん中を少しへこませてうめぼしをいれる。

2
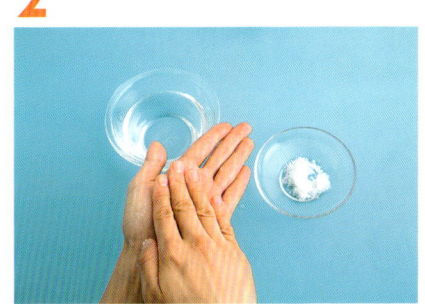

水をつけた手のひらにしおをつけて、なじませる。

3

かた手に、1のごはんをのせる。

4

反対の手をごはんにかぶせ、つつみこむようにして三角形ににぎる。

ぶきっちょさんは…

ラップをひろげ、ごはんの半量と具をのせ、のこりのごはんをかぶせる。ラップでつつみこんでから三角形ににぎると、かんたん！

形いろいろおにぎり

すきな形や大きさにして、バリエーションを楽しんじゃおう！

5分
調理時間

たわら型

丸くにぎってから、かた方の手を「コ」の字形にして上からおにぎりをつつみ、もうかた方の手でたわらの形にととのえる。

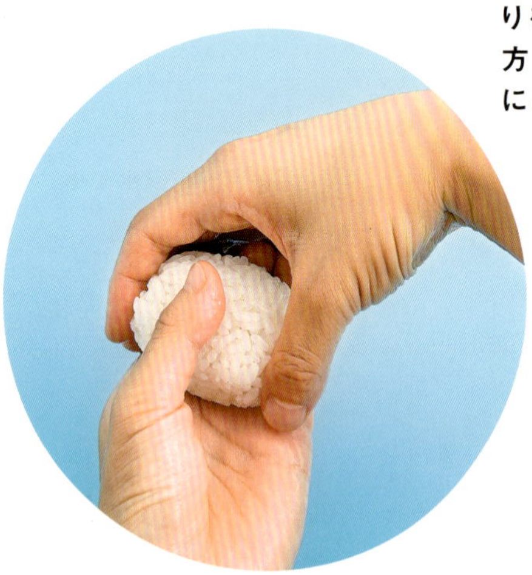

5分
調理時間

しずく型

P.7のぶきっちょさんのにぎり方と同じ方法で、ラップの上からしずくの形にととのえる。

でか型

からあげとたらこをいれたよ

10分
調理時間

1 ボウルにラップを2まいしき、ごはんの半量をいれ、まん中をへこませてすきな具をのせる。

2 のこりのごはんを上からかぶせ、ラップをよせてごはん全体をつつみこむ。

3 ラップの上から手でととのえて、大きなボールの形にする。

のりのつけ方いろいろ

切り方やまき方をくふうするだけで、いつものおにぎりが大へんしん！

はさみ

ピンキングばさみ

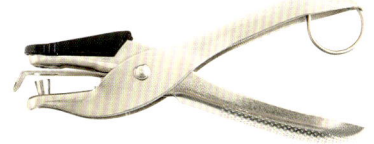
あなあけパンチ

こんなふうに切ったら……

こんなに かわいい おにぎりに！

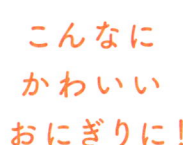

気になるあの子にあげたい♡

クール系

| カレーツナマヨネーズ |
| + |
| カシューナッツ |

いつもピリッとしたいじわるをいう彼（かれ）には、カレー風味のツナマヨを。やさしい味のカシューナッツでポイントアップ！

スポーツ系（けい）

| トンカツ |
| + |
| うめぼし |

スポーツ後のはらぺこくんには、ガッツなトンカツ＆つかれをいやすスッパイうめぼしで決まり！彼（かれ）のいぶくろと♡はもらった！

おわらい系（けい）

| ケチャップライス |
| + |
| うずらたまご |

いつもみんなをわらわせてるあいつを、このおにぎりでわらわせたい！ケチャップライスみたいに、赤くなって照れるかもね？

タイプ別おにぎり

コレ、よかったら…

あの子にぴったりのおにぎりはどれかな？

まじめ系

さくらでんぶ
＋
さけフレーク
＋
こんぶ

やさしくてひかえめな彼に食べさせたい、ほんのりあまいピンクのおにぎり♡ その中には、しっかりもののさけとこんぶが……！

やんちゃ系

ソーセージ
＋
たくあん

いつもふざけてるけど、にくめない彼にぴったりのオモシロおにぎり☆ たくあんとソーセージのいがいな組みあわせにビックリ！

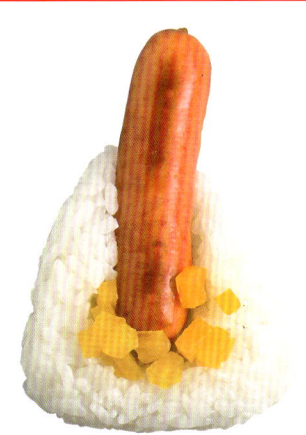

おしゃれ系

ホールコーン
＋
かにかまマヨ

キュートな黄色い水玉もようが、彼のセンスにぴったり？！ かにかまマヨがフェミニンな味！

まきずし

切り口がはなやかできれい！
ひと口サイズで食べやすいよ

カラフルキレイ〜

いろいろまいてね！

きほんのまきずし（1本分）

みんなでワイワイつまんでね
きほんをおぼえれば、大かつやく！

調理時間 10分

材料
酢めし 70〜100gくらい
（作り方はP.13を見てね）
このみの具　適量
（この本では、いためたベーコンブロック・アスパラ）
のり　適量

道具
はかり　　まな板
はさみ　　ほうちょう
まきす　　ふきん
手水をいれるボウル

1

水をいれた小さなボウルを用意する。のりをはさみで半分に切る。

2

まきすにのりをひろげ、手に水をつけながら酢めしをのせる。のりの上の方を1cmあけてのせるのがポイント。

3

はしまで行きわたるように、2に具材をのせる。

4

3を手前から向こうがわへまきこむ。まきすをいっしょにまかないように気をつけよう。

5
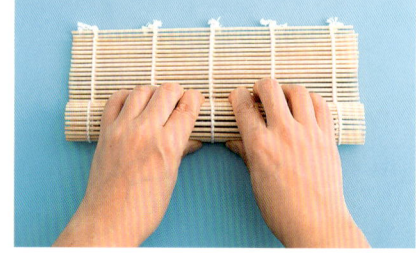
まきおわったら、まきすの上から両手でぎゅっとおさえ、きれいなつつ型になるまで、コロコロところがす。

6

5のまきすをはずし、ぬれぶきんでふいてしめらせたほうちょうで切る。

酢めしの作り方

まぜ方にコツがあるよ
うちわを使うのがポイント！

15分
調理時間

材料
ごはん
すし酢 ごはん1合に 35〜40mlずつ（ごはんの1わり）

道具
計量カップ
すしおけ（大きなボウルでもよい）
しゃもじ ／ うちわ ／ 手ぬぐい

1 すしおけの内がわをよく水でぬらし、水気をふきとる。ごはんをすしおけにうつし、すし酢を全体にまわしかける。

2 5秒くらいおいてから、しゃもじを大きく動かしながら米を切るようにまぜる。ごはんがつぶれないように、やさしくまぜてね。

3 全体によくまざったら、酢めしをきんとうにひろげてうちわであおいでさます。あらねつが取れたら、ぬらしてかたくしぼった手ぬぐいなどを、おけにふわりとかけておく。

こんな具材もオススメ！

色や味を考えながら、まいてみよう！

いろいろまき

3つの味が一度に楽しめる！

さけフレーク・こんぶ・たらこなど、3しゅるいの具をのせる。

ベーコンアスパラまき

洋風味もいがいとおいしい

ベーコンブロックとアスパラガスをいためてのせる。

キンパ風まき

かんこく風のこうばしいのりまき

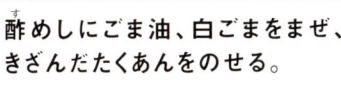

酢めしにごま油、白ごまをまぜ、きざんだたくあんをのせる。

いなりずし

食べてまんぞく、見た目もかわいい
おいなりいろいろ。

皮の作り方（6コ分）　じっくりにるとふっくらします

 調理時間 20分 ＋ にこむ 30分

材料
- 油あげ 3まい
- だし汁 300ml （粉末だしをといたものなど、家で使っているだしを使おう）
- **調味料**
  - さとう 大さじ2 ／ みりん 大さじ1
  - しょうゆ 大さじ1.5

道具
- 計量カップ
- 計量スプーン
- まな板
- ほうちょう
- さいばし
- なべ
- 落としぶた
- ざる
- ボウル

1 油あげを半分に切り、中を手でひらいてふくろ状にする。

2 ひらきにくい時は、さいばしをあて、コロコロころがすとよい。

3 なべに湯をわかし、油あげをいれて落としぶたをし、中火で5分にる。

4 3をざるにあげ、水気を切る。

5 湯をすててなべにだし汁、さとう、みりんをいれ、火にかける。にたったら4をもどし、中火で8分にる。

6 さらにしょうゆをくわえ、30分にる。

／ここまでにたらできあがり＼

7 6をなべにいれたままさまし、使う前に皮の煮汁を手でしぼる。

サイコロきんぴらいなり（4コ分）

しっかり味のついたきんぴらいりだから
食べごたえじゅうぶん！

40分
調理時間

材料

いなりずしの皮（作り方はP.14を見てね）　4まい
酢めし（作り方はP.13を見てね）　100g
サイコロきんぴら　40g

サイコロきんぴら
（作りやすい分量になっています）

にんじん　50g
れんこん　50g
ごま油　適量

《A　さとう 小さじ1 ／ みりん 大さじ1/2
酒 大さじ1/2 ／ しょうゆ 小さじ1》

道具

はかり　　　フライパン
計量スプーン　さいばし
ピーラー　　手水をいれる
まな板　　　　ボウル
ほうちょう

1
ピーラーを使う時は気をつけて！

にんじんとれんこんの皮をピーラーでむき、あつさ5mmくらいの輪切りにする。さらに5mmはばにたてに切ってから、さいの目切りにする。

2

フライパンにごま油をいれて、1をいためる。

3

2に油がよくまわったら、Aの調味料をすべてくわえ、水分がほとんどなくなるまで弱火でいためる。

4

いなりずしの皮の上半分を、手で内がわにおりこむ。

5

酢めしに3のきんぴらをまぜる。

6

4の中に5をつめ、水をいれた小さなボウルを用意し、手に水をつけながら形をととのえる。

2色いなり（4コ分）

ふたつの味をつめこんだよくばりないなりずし

20分
調理時間

材料
- いなりずしの皮（作り方はP.14を見てね） 4まい
- 酢めし（作り方はP.13を見てね） 100g
- えだ豆（冷凍のもの） 20g
- ゆかり 小さじ1/2
- しらす 10g

道具
- はかり
- 計量スプーン
- 手水をいれるボウル

1

えだ豆を流水で解凍し、酢めし50gにまぜる。

2

のこりの酢めしにゆかりとしらすをまぜる。

3

いなりずしの皮の上半分を、手で内がわにおりこむ。

4

2しゅるいの酢めしをそれぞれ4つに分け、水をいれた小さなボウルを用意し、手に水をつけながら丸くにぎる。

5 3の中に4をつめ、水をつけた手で形をととのえる。

おべんとうにいれるといろどりキレイになるねー

動物いなり（4コ分）

のりとチーズで動物に大へんしん！

20分
調理時間

材料
いなりずしの皮　4まい
（作り方はP.14を見てね）
酢めし（作り方はP.13を見てね）200g
白ごま　大さじ1強
スライスチーズ　適量／のり　適量

道具
はかり／計量スプーン
手水をいれるボウル／ほうちょう
型ぬきする道具
（はさみ・あなあけパンチ・ストロー・しぼりぶくろ用の口金 など）

1

酢めしに白ごまをまぜ、4つに分ける。水をいれた小さなボウルを用意する。

2

手に水をつけながら、いなりずしの皮に1の酢めしをつめる。

3
2の、口の部分を手でおる。

4

のりやスライスチーズを、はさみやあなあけパンチでカットする。チーズの小さな丸はストロー、大きな丸はしぼりぶくろ用の口金でぬくとかんたん。

5

顔の材料を4ひき分用意する。

耳はほうちょうでカットしたよ

6

5を使って、動物の顔にしたてる。

いなりずしの皮を少しつまんで耳の形にしよう！

パンの おべんとう

かた手で手軽に食べられる
おしゃれなパンのおべんとう。
いろいろな具材(ぐざい)を、おこのみではさんで。

きほんのサンドイッチ（1人分）

はさむ具材をかえて
バリエーションを楽しもう！

材料
食パン（8まい切りのもの） 2まい
ハム 1まい ／ レタス 2まい ／ きゅうり 1/4本
バター 4g ／ マヨネーズ 適量

道具
はかり ／ ボウル ／ まな板 ／ ほうちょう ／ キッチンペーパー ／ バターナイフ ／ 皿 ／ パン切りナイフ

調理時間 20分

1 ボウルにバターをいれ、やわらかくなるまでしばらくおく。レタスときゅうりを水あらいし、それぞれキッチンペーパーで水気をふく。きゅうりはななめにうすく切る。

2 食パンのかた面にバター、マヨネーズをぬる。

3 レタスを手の平にのせ、上から手で軽くたたいて平らにする。

4 パンの上にレタス、きゅうり、ハムを重ねて、もう1まいのパンでサンドする。

5 皿をひっくり返して4の上にかぶせ、重しにして5分くらいなじませる。

6 パン切りナイフでパンの耳を切りおとす。

少しおいてから
食べると
なじんでおいしいよ

7 6を、さらに食べやすい大きさに切る。

サンドイッチにバターをぬる理由

バターをパンにぬると、パンの表面に油のまくをはることができるよ。こうしておくと、やさいなどから水分が出てパンがべしゃべしゃになってしまうのをふせいでくれるんだ。

サンドイッチの切り方バリエーション

いれものや食べる場所にあわせて、切り方をかえてみよう！

四角形、三角形、長方形……切り方によって具の見え方もかわるよ。

サンドする前に、上のパンを
丸いぬき型（がた）でぬくと、水玉サンドイッチ！

型（かた）ぬきしたあまりのパンは
ミニミニ丸サンドに。

うずまきサンド

おもしろかわいいロールサンド
おべんとうがにぎやかになるよ

15分
調理時間

材料
食パン（8まい切りのもの）　1〜2まい

1色のうずまきサンド
バター・ラズベリージャム　適量

2色のうずまきサンド
ピーナッツバター・ブルーベリージャム　適量

道具
まな板 ／ パン切りナイフ ／ めんぼう
ラップ ／ バターナイフ ／ スプーン

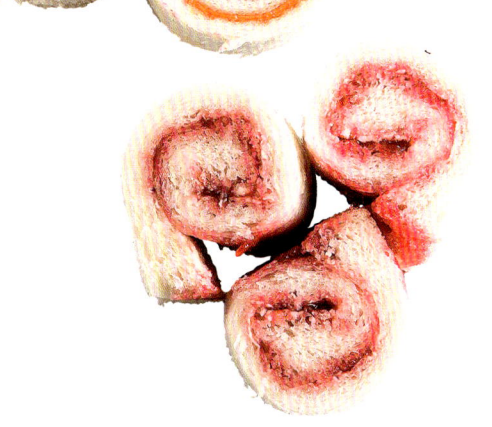

1　食パンの耳をパン切りナイフで切りおとす。

2　1をめんぼうでうすくのばす。

3　ラップを大きめに切ってひろげ、パンをのせてバター、ラズベリージャムのじゅんにぬる。

4　3を手前から向こうがわへまきこむ。ラップをいっしょにまかないように気をつけよう。

5　まきおわったらラップでつつんで、できあがり。ラップは食べる直前までまいておく。

6　2色の場合は、ピーナッツバターをぬったパンにブルーベリージャムをぬったパンをずらして重ね、同じようにまきこむ。

7　1色と2色では太さがかわるので、このみで作ってみよう。

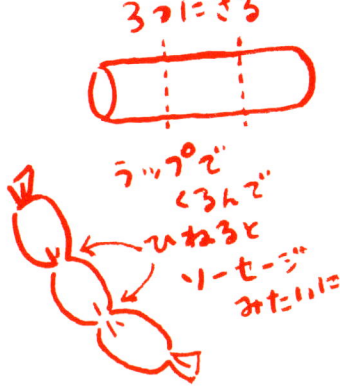

ロールパンサンド

小さくても具がたっぷりだから
おなかもまんぞくのボリューム感!

調理時間 30分

材料
バターロール 2コ ／ バター 適量 ／ サラダ油 適量

ソーセージ＆キャベツ
キャベツ 80g ／ ソーセージ 1本 ／ バター 10g ／ しお・こしょう 少々

ツナマヨ＆きゅうり ツナかん 70g ／ マヨネーズ 大さじ1 ／ きゅうり 適量

道具
はかり ／ 計量スプーン ／ まな板
ほうちょう ／ フライパン ／ さいばし
ボウル ／ スプーン ／ バターナイフ

1 キャベツをざく切りにし、きゅうりをななめにうすく切る。

2 ソーセージに、ほうちょうでななめに切りこみをいれる。

3 フライパンにバターをいれ、キャベツをしんなりするまで中火でいためてしお、こしょうをする。

4 フライパンにサラダ油をいれて2をならべ、中火でこんがりとやく。

5 ツナかんをあけ、ふたでおさえながら、中の油を切ってすてる。

6 ボウルに5のツナ、マヨネーズをいれ、スプーンでよくまぜる。

7 バターロールにほうちょうで切りこみをいれ、内がわにバターをぬる。

8 ソーセージ＆キャベツは、キャベツを先にいれてからソーセージをのせ、サンドする。

9 ツナマヨ＆きゅうりは、写真のようにきゅうりをたてにならべてからツナマヨをいれ、サンドする。

ベーグルサンド

あまずっぱくて チーズケーキみたいな味！

調理時間 10分

材料
ベーグル 1コ
クリームチーズ 50g
ブルーベリージャム 大さじ1

道具
はかり
計量スプーン
ボウル ／ スプーン
まな板 ／ パン切りナイフ

できあがり！

1 ボウルにクリームチーズ、ブルーベリージャムをいれ、スプーンでまぜる。

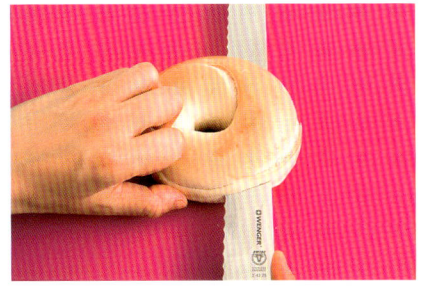
2 ベーグルをパン切りナイフで横半分に切る。

3 かた方のベーグルに1のクリームをぬり、もう1まいでサンドする。

クロワッサンサンド

フランス生まれのパンで いつもとちがう気分！

調理時間 25分

材料
きゅうり 適量 ／ ピクルス 1/2本
たまご 1コ ／ マヨネーズ 小さじ2
しお 適量 ／ クロワッサン 1コ

道具
計量スプーン ／ まな板 ／ ほうちょう ／ なべ
ボウル ／ フォーク ／ パン切りナイフ ／ スプーン

1 きゅうりとピクルスを、写真のようにうすく切る。

2 なべにたまごがかぶるくらいの水とたまごをいれ、ふっとうしたら弱火で10分ゆで、水の中でからをむく。

3 2をわって黄身を取りだし、白身だけボウルにいれてフォークで細かくつぶす。細かくなったら黄身をもどし、くずしながらまぜる。

4 3にマヨネーズ、しおをくわえ、味をととのえる。

5 パン切りナイフでクロワッサンに切りこみをいれる。ぜんぶ切らないように注意すること。

6 さいしょにきゅうり、ピクルスをならべ、その上にたまごマヨネーズをのせてサンドする。

デートシチュエーション別サンドイッチ

ドキドキわくわくの初デート！どんなサンドイッチをもっていく？

1 神社デート

けいだいにすわって、緑茶といっしょに食べたい♡ あんこのあまさとバターのしょっぱさがたまらない。

- バター
- こしあん

2 動物園デート

ライオンの前でかぶりつくこんがりトーストの肉食サンド。パンチのあるコンビーフとピクルスがアクセント。

- コンビーフ
- スライスピクルス
- バター
- スライスきゅうり

3 遊園地デート

パリパリしたポテチを遊びゴコロたっぷりにはさみました。グループデートでさをつけよう！

- スライスしたゆでたまご
- くだいたポテトチップス
- バター
- ベビーリーフ
- 生ハム

4 びじゅつ館デート

まるごといちご / スライスキウイ / あわだてた生クリーム / バター / 半分にスライスしたバナナ

アートを楽しんだ後に、夢ごこちで食べてほしい。フルーツのすっぱさで目をさましてね！

5 水族館デート

レタス / カニカマ＆マヨネーズ / バター / スライスしたアボカド

海の中にいるような気分で食べるシーフードサンド。えいようバランスもグッド！

6 ピクニックデート

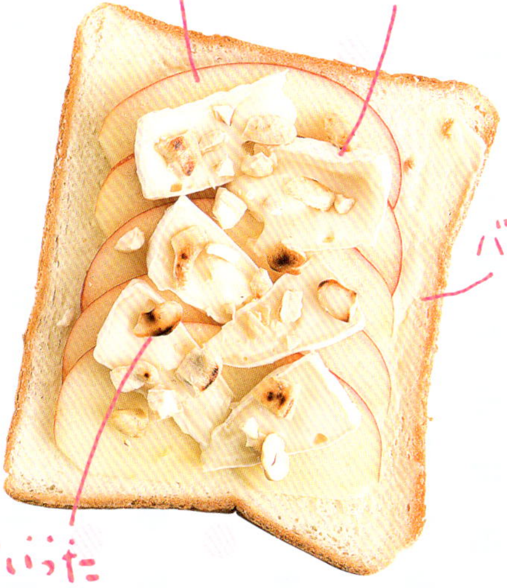

スライスりんご / スライスカマンベール / バター / きざんでいったカシューナッツ

緑のしばふの上で食べるヨーロッパ風サンド。フルーツとチーズの組みあわせにびっくり！

25

楽しい おべんとう作り

さあ、いよいよおかずをつめてみよう。
ひとつの箱にいろんな食べ物をいれるのは
日本ならではの文化。味や見た目のバランスを考えながら、
ワクワクのおべんとう作りを楽しんでね！

おべんとう豆ちしき

さらに上手に作るための
ちょっとしたコツをごしょうかい。
ワンランク上のおべんとうをめざそう！

1 上手につめるコツ

おかずは、大・中・小の大きさのじゅんにつめよう。
大きなおかずをさいしょにいれて、バランスを見ながら、小さなおかずですきまをうめていくと、つめやすいよ。

2 いろどりを大事にしよう

ふたをあけた時にうれしくなるのは、食べ物のあざやかな色が、ポイントになっているおべんとう。見た目がはなやかだと、食よくもアップします。

3 えいようバランスを考えて

いろいろな色の物を食べると、しぜんにえいようのバランスが取れます。お肉ばっかりになってない？ 量はかたよっていないかな？ バランスのいいおべんとうは、体にもハッピーなのです。

たまごのおかず

えいようがありアレンジもしやすい、おべんとうの定番！

たまごやき

おぼえておきたい人気のおかず
味つけはおこのみで

10分
調理時間

材料
たまご 1コ
さとう 小さじ1
しお ひとつまみ
サラダ油 適量

道具
計量スプーン
ボウル
さいばし
フライパン

1

ボウルにたまごをわりいれ、さいばしで切るようにまぜ、さとう、しおをくわえてよくまぜる。

2

フライパンにサラダ油をいれて中火にし、さいばしで1のときたまごを少し落とす。ジュッと音がしたらOK。

3

1を一気にフライパンに流しいれる。

4

半じゅくになるまで、さいばしでぐるぐるかきまぜる。

5

はしの方がかたまってきたら、かたがわを少しずつまん中によせる。

6

反対がわも同じようによせる。

7

向こうがわから、手前にまくように、おりたたんでいく。

8

まきおわったら、フライパンのすみでやさしく形をととのえ、食べやすい大きさに切る。

味つきたまご

しっかり味をつけたゆでたまごは食べごたえばっちり！

調理時間 15分 ＋ ひとばんおく

材料　たまご 1コ ／ しょうゆ 大さじ1 ／ みりん 大さじ1/2

道具　計量スプーン／なべ／ボウル／スプーン／ビニールぶくろ

1 なべにたまごがかぶるくらいの水とたまごをいれ、ふっとうしたら弱火で10分ゆでる。

2 ゆであがったら、水をはったボウルにいれてさます。スプーンの背でひびをいれ、水の中でからをむく。

3 ビニールぶくろにしょうゆ、みりん、ゆでたまごをいれて口をぎゅっとむすび、そのままひとばんおく。

カップたまご（ミニシリコンカップ2コ分）

レンジでかんたん！だから、いそがしい朝にぴったり

調理時間 12分

材料　たまご 1コ ／ 粉チーズ 大さじ1 ／ 牛乳 大さじ1 ／ ミックスベジタブル（冷凍のもの） 大さじ2強

道具　計量スプーン／ボウル／スプーン／ミニシリコンカップ

1 ボウルにたまご、粉チーズ、牛乳をいれ、スプーンでよくまぜる。

2 シリコンカップに解凍したミックスベジタブルを大さじ1ずついれ、1を流しいれる。

3 500Wのレンジに2を1分20～30秒かける。中のようすを見ながら、表面がプクーッとふくらんできたら取りだす。

火を通しすぎるとかたくなるので、たまごが丸くふくらんだら止めよう

肉のおかず

これさえあれば元気いっぱい、パワーアップ食材！

やさい肉まき

やさいがにがてでも これならおいしく食べられます

30分
調理時間

お肉とやさいがいっしょにとれるよー

材料
いんげん 4本 ／ パプリカ 1/2コ ／ ぶたももうす切り肉 4まい
薄力粉 適量 ／ サラダ油 適量

《A　すりごま 大さじ1 ／ しょうゆ 大さじ2 ／ 酒 大さじ1
はちみつ 大さじ1 ／ カレー粉 小さじ1 ／ こしょう 小さじ1》

道具　計量スプーン ／ まな板 ／ ほうちょう ／ なべ ／ ボウル ／ さいばし ／ バット ／ フライパン

1 すじをとって両はしを切りおとしたいんげんを半分に切る。パプリカもいんげんと同じくらいの長さに切る。やさいをさっとゆで、Aの調味料をボウルにいれ、まぜておく。

2 ぶたももうす切り肉をひろげ、いんげんとパプリカをそれぞれまく。

3 2をバットにならべ、薄力粉をうすくまぶす。

切り口はこんなふう

4 フライパンにサラダ油をいれて中火にし、3のまきおわり部分を下にしてのせ、さいばしでころがしながら、やき色がつくまでやく。

5 4に、まぜておいたAをくわえる。

6 肉に火がとおったら取りだし、食べやすい大きさに切る。

ヤングコーンやオクラをまくとお花や星みたいでキュート！

てりやきチキン

ちょっとこい目の味つけで
さめてもおいしい日本の味！

20分
調理時間

材料
とりもも肉 1/2まい ／ サラダ油 適量
《A さとう 大さじ1/2 ／ 酒 大さじ1
しょうゆ 大さじ1 ／ 水 大さじ1》

道具
計量スプーン ／ ボウル ／ まな板
ほうちょう ／ フライパン ／ さいばし
キッチンペーパー ／ フライパンのふた

パンにはさんでもおいし〜い

1
ボウルにAの調味料をすべていれ、まぜておく。とりもも肉を食べやすい大きさに切る。 

2

フライパンにサラダ油をいれて中火にし、とり肉を皮を下にしてならべる。

3

皮にこんがりやき色がついたら、さいばしでひっくり返す。

4

油がたくさん出てきた時は、キッチンペーパーでざっとふきとる。

5

両面にやき色がついたら、まぜておいたAをくわえる。

6

ふたをして、弱めの中火で3〜4分むしやきにする。

7

汁気がなくなってきたら、とり肉を取りだす。

おいしくたべロヨー

やさいのおかず

いろどりがきれいだから、たくさん使ってみよう！

ポテトサラダ

みんな大すきなポテサラ。
きゅうりの水気はしっかりきってね！

25分
調理時間

材料（ざいりょう）
きゅうり 1/3本 ／ しお 適量（てきりょう）
じゃがいも 1コ ／ にんじん 1/3本
マヨネーズ 大さじ1 ／ こしょう 適量（てきりょう）

道具
計量（けいりょう）スプーン ／ まな板 ／ ほうちょう
ピーラー ／ なべ ／ ボウル ／ ざる ／ さいばし

＼ ピーラーを使う時は気をつけて！ ／　＼ 竹ぐしがすっとささったらOK ／

1 きゅうりはうすい輪（わ）切りにしてボウルにいれ、しおをまぶして手でもむ。5分おいてから、両手で水気をぎゅっとしぼる。

2 ピーラーでじゃがいも、にんじんの皮（わ）をむき、輪切りにしてから4等分にする。

3 なべに湯をわかしてしおをひとつまみくわえ、2を10〜12分くらいゆでる。

4 3をざるにあげて水気を切り、ボウルにいれて1のきゅうり、マヨネーズ、しお、こしょうをくわえる。

5 4をさいばしでよくまぜる。

＼ じゃがいもをさらにつぶしてもなめらかでおいしいよ！ ／

いんげんのごまあえ

水分が多い時は、ごまの量をふやしてみて

10分
調理時間

材料: いんげん 5本 ／ しお ひとつまみ
すりごま 大さじ1
さとう 小さじ1/2
しょうゆ 小さじ1/2

道具: 計量スプーン ／ まな板
ほうちょう ／ なべ
さいばし ／ ざる
ボウル

1. いんげんのすじを取って両はじを切りおとし、なべに湯をわかしてしお、いんげんをいれ、さっとゆでる。

2. 1をざるにあげて水気を切り、さめたら3～4等分にする。

3. ボウルにすりごま、さとう、しょうゆをいれ、2をくわえてさいばしでまぜる。

ブロッコリーとアスパラのピカタ

たまごとチーズで
ゆでやさいがランクアップ！

20分
調理時間

材料: ブロッコリー 2ふさ ／ アスパラガス 1本
しお ひとつまみ ／ たまご 1/2コ
粉チーズ 大さじ1/2 ／ サラダ油 適量

道具: 計量スプーン ／ まな板
ほうちょう ／ なべ ／ ざる
ボウル ／ さいばし ／ フライパン

1. ブロッコリーは食べやすい大きさに切り、アスパラガスははしを切りおとしてから4等分にする。

2. なべに湯をわかしてしおをひとつまみくわえ、1のやさいをさっとゆでてざるにあげる。

3. ボウルにたまごをわりいれてさいばしでしっかりとき、1/2量を粉チーズとまぜてころもを作る。

4. ブロッコリーはつぼみの部分に、アスパラガスは全体に、3をからませる。

5. フライパンにサラダ油をいれ、4のやさいをならべて中火でこんがりとやく。

33

キュートなピックマジック

ピックでさしたおかずをいれると、パッと楽しいアクセントに。
おべんとう箱のすきまをうめるのにも、ぴったり！

スライスチーズと
のりで目玉をつけたら
おちゃめな青虫！

えだ豆
＋
プチトマト
さっとゆでた冷凍えだ豆と
プチトマトを
つまようじでピック。

つまようじではなく
竹ぐしにさしても
おもしろいよ。

ちくわを
使って

ちくわのあなに
きゅうりをとおして、
さらにピックを。
まん中はオクラ！

おでん
みたいに

ちがう形を
3つつなげる
だけで、オモシロ
かわいい。

半分に切った
プチトマトとベビーチーズが……

スライスチーズを
ストローでぬいた
水玉チーズで
キュートなキノコに。

**ベビーチーズ
＋
プチトマト**

切り方とさし方で
いろんな形が作れるよ。

プチトマトでサンド。
チーズをきゅうりに
かえてもいいね。

チーズ

きゅうり

ハムをまいたオクラと
いっしょにピックしたら
2つのお花みたい！

**花形のはんぺん
を使って**

はんぺんを花型でぬいて
バターでやいてから
ほかのやさいとピック。

お花の中で
えだ豆がくるくる。

花形を半分にすると
かわいい雲形に！

こんがりやくと
おいしいよ〜

35

かわいいかざり切り

マスターしておべんとうをもっとハッピーに！

お花切り

おべんとうに花がさくー

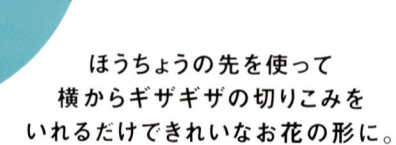

ほうちょうの先を使って横からギザギザの切りこみをいれるだけできれいなお花の形に。

ハムの王かん切り

上からみると花にもみえるよ

写真のように切って、くるりとまけば、ピンクの王かんのできあがり。

たこさんソーセージ

おべんとうのていばん！

1本をななめに切れば食べやすいサイズに。やくと足がひらくよ。

ハートソーセージ

LOVEをこめて…

ななめに切って切り口をあわせるとハート風。

カンタンでキュート♡

36

キャンディソーセージ

かわいくっておいし〜い

ソーセージの両はしをカットして、切りこみをいれてやくと、ふわっとひろがるよ。

ニッコリたまごとモンスターソーセージ

おべんとうタイムがたのしくなる！

べ〜

写真のように切りこみをいれるとニッコリ口になるよ。チーズ&のりの目玉とハムのしたをつけるとモンスター風！

かまぼこハート

きりすぎちゅうい！

くるっと

ピンクのハート♡

あつさ1cmに切ったかまぼこに切りこみをいれてくるりとまけばハート型(がた)のかんせい。

かまぼこかたつむり

つまようじをパスタにすればぜんぶたべられるよ

写真のように切りこみをいれてピンクの部分をくるくるまくとかたつむりにへんしん！

ごはんのおとも

ごはんによくあう、そぼろやふりかけを手作りしよう！

3色そぼろ
おいしくて、見た目もきれいな人気者！

調理時間 15分

材料
- とりひき肉 200g
- しょうゆ 大さじ2
- さとう 大さじ2
- みりん 大さじ1
- 酒 大さじ1

道具
- はかり／計量スプーン
- なべ／さいばし

とりそぼろ

1. なべに材料をすべていれてさいばしでまぜ、弱めの中火でさらにまぜる。
2. こげないようにぐるぐるまぜながら、汁気がなくなるまでいる。 

調理時間 5分

材料
- たまご 1コ
- みりん 小さじ1
- しお ひとつまみ

道具
- 計量スプーン
- さいばし
- なべ

いりたまご

1. たまごをなべにわりいれ、さいばしでしっかりとき、みりん、しおをくわえてまぜる。
2. 4本のさいばしを使って、弱めの中火でこげないようにかきまぜながらいる。 

調理時間 8分

材料
- いんげん 5本
- しお ひとつまみ

道具
- まな板
- ほうちょう
- なべ／ざる

きざみいんげん

さやえんどうでもおいしいよ！

1. いんげんのすじをとり、両はしを切りおとす。なべに湯をわかしてしおをひとつまみくわえ、いんげんを1〜2分ゆでる。
2. ゆであがったらざるにあげて水気を切り、ほうちょうでななめにきざむ。

手作りふりかけ

味をこのみでかえられるのも手作りならでは！

⏱ 30分 調理時間

のりたま

ちょっと手間はかかるけど、とびきりのおいしさ

材料

A	かつおぶし 10g＋めんつゆ 大さじ1	【レンジ】1分→20秒
B	白ごま 大さじ4＋めんつゆ 大さじ1	【レンジ】1分→20〜30秒
C	ゆでたまごの黄身 1コ分＋めんつゆ 小さじ1/2	【レンジ】1分→30秒

のり 適量

1
なべにたまごがかぶるくらいの水とたまごをいれ、ふっとうしたら弱火で10分ゆで、水の中でからをむく。

2
1のゆでたまごを黄身と白身に分け、黄身だけをボウルにいれてフォークで細かくつぶす。

3
A、B、Cの材料をそれぞれ小皿に用意し、まぜる。

4
＼こまめにかきまぜよう／

レンジの回転皿（耐熱皿でもよい）にクッキングシートをしき、Aをひろげて500Wのレンジに1分かけ、フォークでまぜる。さらにレンジに20秒かけ、またまぜる。B、Cもレンジにかける時間の目安をさんこうに同じようにする。

5
目安の時間でかけてもまだしっとりしている時は、さらに30秒〜1分ようすを見ながらかける。こげないように中のようすを見ながら、A、B、Cの具をじゅんばんに、パラパラになるまでレンジでかんそうさせる。

6
すべての具の水気がとんだら、すりばちにA、B、Cをいれてまぜる。そのまましばらくさまし、はさみで細く切ったのりをくわえる。

ちょっとアレンジ

さけふりかけ

さけをレンジの回転皿にのせる時、まん中がこげやすいのであけておくこと。

⏱ 15分 調理時間

材料

A	かつおぶし 10g＋めんつゆ 大さじ1	【レンジ】1分→1分→30秒
B	白ごま 大さじ4＋めんつゆ 大さじ1	【レンジ】1分→1分
C	さけフレーク 50g	【レンジ】1分→1分→30秒

のり 適量

ごはんのつめ方バリエーション

のりべんとうに丸くぬいたチーズをかざれば水玉べんとう。

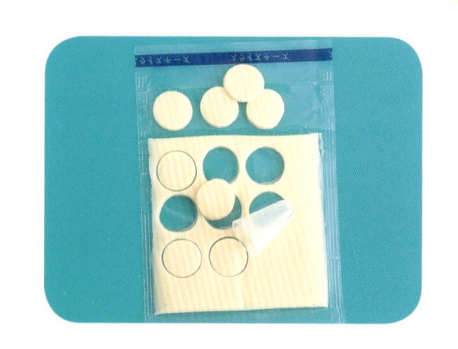

さくらでんぶの上に細長く切ったのりをこうし状にならべてチェックべんとう。

おって重ねたのりをリボンの形に切って、ストローで丸くぬいたハムやチーズをまん中に。リボンべんとう。

ギザギザのりの波、ハムのお魚、うめぼしの太陽。海べんとうのできあがり！

白いごはんはまるでキャンバス！
絵をかくようにもりつけてみよう。
のりやチーズ、でんぶにうめぼし。
おなじみの具材だけでも
こんなにバリエーションゆたかです。

口の形に切ったのりに
スライスチーズの歯、
ハムのしたをのせれば
大口べんとう。

のりでLOVEの文字、
Oにうめぼしで
アクセントをつけて
愛情べんとう。
上下にはふりかけを。

丸いクッキー型に
いりたまごをしいて
まわりにとりそぼろと
きざみいんげん。
のりで目と口をつけて
スマイルべんとう。

ハートのクッキー型に
さくらでんぶをいれて
つまようじにそって
3色そぼろをのせたら
ハートべんとう。

おべんとう容器いろいろ

いろいろなものが、おべんとう箱になるんです。
おかずやもっていく場所によって、くふうして楽しんで！

紙箱

お菓子がはいっていた
かわいい紙箱に
サンドイッチをいれてみよう。
プレゼントみたいで
おみやげにもちょうどいい。

カンの箱

おうちにあった
お菓子のあきカンも
おべんとう箱に。
友だちの分ももって行きたい時に
べんりです。

紙皿

深めの紙皿におべんとうをいれ、
もう1まいでふたをして
ホチキスで止めれば
もちよりパーティにも
ぴったりな
お手軽おべんとう箱に。

紙コップ

紙コップにおかずをつめたら
口の部分に切りこみをいれて、
マスキングテープで止めよう。
帰りのにもつをへらしたい時にべんり。

ジッパーつきビニールぶくろ

中がよく見えるので
カラフルな紙ナプキンを
しくとかわいい。
外国でよくあるスタイル。

キャンディづつみ

うずまきサンドをキャンディみたいにつつんで、
おみやげにしたらキュートでよろこばれそう。
そのまますぐに食べられるのもうれしい。

小さなデザート

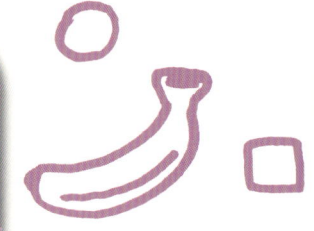

ちょっとだけ食べたい、小さなお楽しみタイム！

フルーツマリネ

はちみつとレモン果汁につけるだけ！

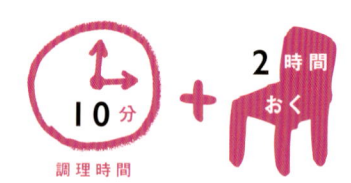

調理時間 10分 + 2時間おく

材料
- キウイフルーツ 1/2コ ／ いちご 30g
- バナナ 1/3本 ／ レーズン 大さじ1
- はちみつ 大さじ2 ／ レモン果汁 大さじ1

道具
- はかり　ほうちょう
- 計量スプーン　ピーラー
- まな板　ボウル

1　キウイフルーツの皮をピーラーでむき、すべてのフルーツを食べやすい大きさに切る。

ピーラーを使う時は気をつけて！

2　ボウルにはちみつ、レモン果汁をいれ、1のフルーツをくわえてまぜる。

3　水分が出てくるまで、そのまま2時間いじょうおく。

パンケーキにそえてもおいしいよ♡

グレープフルーツかん（ミニタッパー4コ分）

15分 調理時間 + 冷蔵 30分

常温でもとけないべんりな寒天を
きせつのフルーツで作ろう

材料
- グレープフルーツジュース 200ml
- ピンクグレープフルーツ 4ふさ
- 粉寒天 2g
- さとう 小さじ1

道具
- はかり
- 計量カップ
- 計量スプーン
- まな板
- ほうちょう
- ミニタッパー
- なべ
- ゴムべら

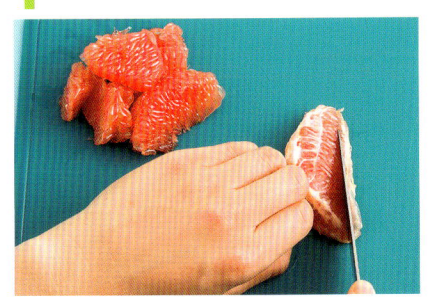

1 ピンクグレープフルーツのふさの、あつみのある中央部分をほうちょうで切る。

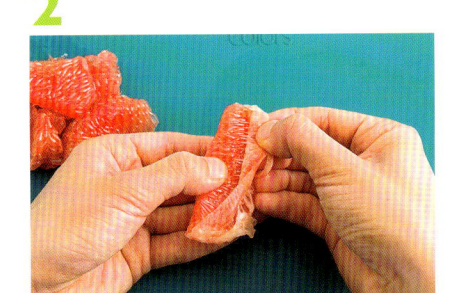

2 皮をむいて中身を取りだし、食べやすい大きさに手でちぎる。

3 タッパーの内がわを水でぬらし、グレープフルーツをならべる。

4 なべにグレープフルーツジュース、さとうをいれて中火にかけ、さとうがとけたら粉寒天をくわえてゴムべらでまぜる。

5 ふっとうしたら、ゴムべらでまぜながら1〜2分くらいにて、火からおろしてさます。

6 3に5を流しいれ、冷蔵庫にいれて30分ひやしかためる。

いろんなフルーツやジュースでためしてみてね〜

インデックス（総さくいん）

語句のインデックス

あ行

アイシング ― ①38
アスパラガス ― ②12、13、33
アメ ― ①36 ③45 ④8
アメリカンドッグ ― ③40
油あげ ― ②14〜17
あられ ― ④38
いちご ― ②44 ④36
いなりずし ― ②14〜17
いんげん ― ②30、33、38
えだ豆 ― ②16、34
おくら ― ②30、34
おこのみやき ― ③43
おしずし ― ③14〜19
おにぎり ― ②6〜11
おべんとう箱 ― ②40〜43

か行

かざり切り ― ②36
カップケーキ ― ①40〜45
かまぼこ ― ②37 ④44
カレー ― ③20、24
寒天 ― ②45 ④34
キウイフルーツ ― ②44
キャベツ ― ②22
キャラメル ― ③12 ④10

キャンディ ― ①36
きゅうり ― ②18、22〜24、32、35、36
ぎょうざ ― ③30〜36
きんぴら ― ②15
クッキー ― ①8、28〜39
クッキーきじ ― ①32
グミ ― ④12
クリームチーズ ― ①6、44 ②23
グレープフルーツ ― ②45
クロワッサン ― ②23
コーンフレーク ― ①8
ごまあえ ― ②33

さ行

サイダー ― ④32
さくらでんぶ ― ②16、40 ③16
さつまいも ― ①20
さとう ― ①39 ③12 ④8〜11、14、20〜25、27、36
サンドイッチ ― ②18〜25
じゃがいも ― ②32 ③33
ジャム ― ②20、23 ④36
食パン ― ②18〜21 ④40
白玉だんご ― ①22
シリアル ― ①12
スイートポテト ― ①20
スープ ― ③37
すし ― ②12〜17
酢めし ― ②12〜17 ③16、19

ゼリー ― ①18 ④30
ソーセージ ― ②22、36 ③27、40、41
そぼろ ― ②38

た行

大根 ― ③26
たこせん ― ③42
たまご ― ②23、28、33、36〜39 ③17、37、42 ④6、16、20〜25、26
チーズ ― ②17、34 ③27 ④18
ちくわ ― ②34 ③18
チョコレート ― ①6〜15、44 ③44
ツナかん ― ②22
デザート ― ②44
てりやき ― ②31
トースト ― ④40
トマト ― ②34 ③10
ドライアイス ― ④32
どらやき ― ①24
とり肉 ― ②31、38

な行

長ねぎ ― ③32、37
生クリーム ― ①26、44 ④10、28
生春まき ― ③33、35
ナン ― ③22
肉まき ― ②30
にら ― ③32
にんじん ― ②15、32 ③18、24、26

- 全4巻に出てくる、キーワード・語句を、あいうえお順にならべました。
- ❶❷❸❹は巻数、その後の数字がページ数をしめしています。
  ※見開きページの左右が同じレシピの場合は、左のページ数をのせています。

例 コーンフレーク ── ❶8 →「コーンフレーク」は、1巻の8ページに出ています。

のり ── ❷6〜13、40 ❸19

は行

バウムクーヘン ── ❶6
バター ── ❹28
バナナ ── ❷44 ❸44 ❹42
パプリカ ── ❷30 ❸26
ハム ── ❷18、35、36、40 ❸18、33
春まき ── ❸33、35
パンケーキ ── ❹42
ハンバーガー ── ❸8、10
はんぺん ── ❷35
ピカタ ── ❷33
ひき肉 ── ❷38 ❸11、24、32
ピクルス ── ❸26
ビスケットケーキ ── ❶26
ピック ── ❷34
ぶた肉 ── ❷30 ❸32
プチトマト ── ❷34
ふりかけ ── ❷39
ブロッコリー ── ❷33
ベーグルパン ── ❷23
ベーコン ── ❷10
べっこうアメ ── ❹8
ほししいたけ ── ❸18
ポップコーン ── ❸12、29

ま行

まきずし ── ❷12

マシュマロ ── ❶10〜13、42〜45 ❹24
マヨネーズ ── ❹16
水アメ ── ❹12、24
メレンゲ ── ❹20〜25
もち ── ❹38

や行

ヨーグルト ── ❸27

ら行

ラッピング ── ❶16、31
レタス ── ❷18 ❸10
レモネード ── ❸13
れんこん ── ❷15
ロールパン ── ❷22

わ行

和菓子 ── ❶22〜25 ❷45 ❹8、38

ちしきとアイデアのインデックス

あ行

お菓子作りの前に ── ❶2
お菓子作りにべんりな道具 ── ❶3
おべんとうのこころえ ── ❷3
おべんとう豆ちしき ── ❷27
おべんとう容器いろいろ ── ❷42

おりょうりの前に ── ❷3 ❸3 ❹3

か行

クッキーのラッピング ── ❶31
コルネの作り方 ── ❶39

た行

楽しいラッピング ── ❶16
手作り型の作り方 ── ❶35

は行

パーティしよう! ── ❸2
パーティテーブルのアイデア ── ❸28
パーティのじゅんび ── ❸4
へんしんフードざつ学 ── ❹26
へんしんフードってなあに? ── ❹2

47

Goma ゴマ

アラキミカ、中村亮子からなる料理創作ユニット。「食」をテーマに、ジャンルにとらわれることのない、自由で新しい料理活動を目指して、フード提案から雑貨のデザイン、イラストまですべてを自分たちでこなす。雑誌、単行本、絵本、TV、WEBなどで、作品発表、ワークショップ開催など、多彩なフィールドで活動中。近年は「子ども」がテーマの仕事も多く、料理や布作品を中心に活躍の場を広げている。
『GomaのPOPスイーツ』(小学館)『アイロンプリントでつくろう 通園・通学グッズ』(文化出版局) 絵本『へんてこパンやさん』(フレーベル館) など著作多数。
www.gommette.com

写真・回里純子
ブックデザイン・坂川事務所
編集・山縣 彩
校正協力・籾山伸子

かんたん☆かわいい♡だいすきクッキング
❷にっこり！キュートなおべんとう

2016年3月初版　2023年7月第2刷

作　Goma
発行者　岡本光晴
発行所　株式会社あかね書房
　　　　〒101-0065 東京都千代田区西神田3-2-1
　　　　電話 03-3263-0641（営業）　03-3263-0644（編集）
　　　　http://www.akaneshobo.co.jp
印刷所　吉原印刷株式会社
製本所　株式会社難波製本

ISBN978-4-251-05002-1 C8377　©Goma 2016 Printed in Japan
落丁本・乱丁本はおとりかえいたします。定価はカバーに表示してあります。
すべての記事の無断転載およびインターネットでの無断使用を禁じます。

NDC596
作　Goma
かんたん☆かわいい♡だいすきクッキング
②にっこり！キュートなおべんとう
あかね書房　2016　48p
31cm×22cm

かんたん☆かわいい♥ だいすきクッキング

1 どきどき！プレゼントスイーツ

おいしくてかわいいスイーツが、20レシピ大集合！だいすきな友だちにプレゼントして、おどろかせちゃおう。

2 にっこり！キュートなおべんとう

ちょっとしたくふうで、いつものおべんとうがにぎやかに！きほんてきなおかずのレシピも、しっかり学べます。

3 ようこそ！みんなでパーティ

モンスターハンバーガーパーティ、おもしろカレーパーティ…マネしたくなる、ゆかいなアイデアがいっぱい！

4 わくわく！へんしんフード

べっこうあめや手作りバター、きょうりゅうたまごにドライアイスサイダー…じっけんみたいなおもしろレシピ集！